50 TONS DA
MENOPAUSA

50 Tons da Menopausa

A ALMA DA MULHER MADURA DESVELADA EM POESIA

Maria Teresa C. R. Moreira

50 Tons da Menopausa
Maria Teresa C. R. Moreira

Projeto gráfico de miolo e capa
Ida Gouveia

Imagem da Capa
Ilustração da Autora

Editoração eletrônica
Ida Gouveia / Oficina das Letras®
www.oficinadasletras.com.br

Todos os direitos reservados. Proibida a reprodução total ou parcial, por qualquer meio ou processo – Lei 9.610/1998.

Dados Internacionais de Catalogação na Publicação (CIP)

Moreira, Maria Teresa C. R.
    50 tons da menopausa : a alma da mulher madura desvelada em poesia / Maria Teresa C. R. Moreira. São Paulo : Oficina das Letras, 2017.

    ISBN 978-85-69537-05-2

    1. Poesia brasileira. I. Moreira, Maria Teresa. II. Título

---

CDD 869.1   CDU-82-1

© MARIA TERESA C. R. MOREIRA
e-mail: mtrm_tete@yahoo.com

Impresso no Brasil

Dedico!

Dedico!
Esses versos e a mim!

Primeiro a Deus
– o grande Amor!
E ao marido
Valdison
E aos filhos
Priscilla, Marcos, Clara
– grandes amores
E Suzana
Que me impulsionou
Até que meus versos
Meu olhar e minhas mãos
Descongelassem!
– grande cutucadora de mãe!
E a tantos, verdadeiros
Incentivadores
– grandes amigos!
E a cada Mulher
Que lerá a mim e a si
Nesses versos
Meus e delas!
– grande gratidão!

Sumário

Prefácio – Suzana Regina Moreira 9
Apresentação 11
    Climatério 13
    Estranhamento 15
    Luta 17
    Escolhas 19
    Herança Feminina 21
    Dor de Cabeça 23
    Apaixonada 25
    Reflexiva 27
    Em Construção 29
    Solidão 31
    Em Processo 33
    Facetas Descobertas 35
    Aberta 37
    Quem Sou Eu...? 39
    Raiva 41
    Assumindo 43
    À Flor da Pele 45
    Luta Interior 47
    Animada 49
    Inerte 51
    Momentos Fugidios 53

Seca	55
Aprisionada	57
Cansada	59
Derretida	61
Sem Forças	63
Em Busca	65
Ferida	67
Estranhamento (II)	69
Indagadora	71
Dividida	73
Sair da Cama	75
Esperando	77
Dificuldade de Expressão	79
Suspiro	81
Divagando	83
Foco	85
Piloto Automático	87
Esperança	89
Choro	91
Desejosa	93
Insônia	95
Saudade	97
Submersa	99
Desculpas	101
Saudosista	103
Medo	105
Incongruências	107
Expectativa	109
Posfácio – Maria da Conceição das N. Calmon	111

Prefácio

Quero sua força
Sua coragem
O pioneirismo
Quero sua beleza
De alma e corpo
Quero sua energia
Sua fé, fidelidade
(...)
Bebo da fonte
Água fervida e filtrada
Escolho, recuso, abraço
Tesouro que me foi dado

Faço minhas suas palavras e as dedico à própria autora. Sendo filha desta poetisa, não tinha como não ter parte em sua Herança Feminina (5.º poema deste livro).

Se eu, que aguardo meu encontro futuro com a Menopausa, pude sentir aqui as angústias, alegrias e indiferenças de tal rendez-vous, imagine então, minhas caras leitoras que já passaram por essa fase?

É preciso, no entanto, apresentar Maria Teresa ao mundo. Afinal de contas, estes poemas nada mais são do que seu desnudar ao mundo, do qual ela não teme.

"Vulnerável" talvez seja a palavra que melhor a define, e nisto mesmo se encontra sua força. Pessoa das poucas que têm o dom de olhar a existência para além do que é, com alma que sangra de todos os poros uma vida que palpita para amar, e somente amar. Às vezes com dificuldades, às vezes com fluidez, ela sempre busca revelar suas excitações e hesitações, crente de que seu jeito de ver e viver pode de alguma forma ser dom multiplicador desse amor que se faz vulnerável para poder amar mais.

Maria Teresa é humanização a devir. Para mim, é mais do que mãe, é mulher.

Suzana Regina Moreira
Teóloga e Tradutora

Apresentação

Menopausa.

Ela me encontrou há alguns anos, e fez um rebuliço em minha vida!

Eu achava que a conhecia, mas... ledo engano...! Conviver com ela não é nada parecido com aquelas leituras e pesquisas que eu havia feito com espírito de "boa vizinhança"...! Oh, não...!

Ler a respeito é tão diferente de conviver com ela quanto estudar sobre a maçã é diferente de realmente dar uma boa mordida...! Creio que não preciso dizer mais...!

Pois bem, do trabalho desse relacionamento com essa visitante nasceu a Maria Teresa Poetisa.

Foi uma das maneiras que encontrei (ou melhor dizendo: que também me encontrou!) para lidar com tudo o que se passava em mim:

– um corpo que antes eu conhecia tão bem, mas que agora me era estranho... emoções e reações completamente incomuns até então...

e fora de mim:

– cinco mudanças de cidade, filhos casando, netos chegando, marido aposentando.

Não que essas realidades fossem ruins, é claro, mas obviamente exigem um bocado de adaptação, especialmente porque ocorrem todas ao mesmo tempo.

Enfim, a Poesia foi uma grande amiga! Me ajudou a passar os dias, refletir sobre o que ia acontecendo, me permitia colocar para fora o que sentia, a tomar certa distância e respirar mais livremente.

Conversando com tantas outras amigas que estavam também recebendo a mesma visita da Menopausa, ficou muito claro o quanto, apesar das diferentes situações de vida, na verdade os sentimentos e sensações eram praticamente os mesmos! Porém em geral, não se tem a chance ou a abertura para se conversar sobre isso...!

Por isso, entre outras razões, resolvi compartilhar meus poemas. Quero estar junto a outras mulheres que estiverem passando por essa situação! Desejo que elas possam se identificar com o que leem nesses poemas, a ponto de não se sentirem só! Quero muito poder de alguma forma ajudá--las a passar pelos momentos mais exigentes e mesmo lhes refrescar o coração quando se sintam sós!

A Menopausa é uma visita: ela eventualmente vai embora!

Penso também nos familiares e amigos dessas mulheres, que por vezes não conseguem entender bem o que está se passando... Eles também poderão aproveitar essa leitura para mergulharem um pouco na realidade e no coração de quem está recebendo essa Visitante desafiadora e assim entender e conviver melhor com as mulheres de sua vida.

Poesia é uma das melhores formas para se tratar desse assunto, eu acredito, porque a Poesia fala muito além das palavras, e assim pode revelar, desvelar, não tanto à mente quanto ao coração...! Ela provoca um certo silêncio interior, tão raro e tão urgente em nosso tempo, e assim nos ajuda a ver melhor, a partir de uma perspectiva nova, diferente.

Eis, então, 50 dos tons da danada da Menopausa!! Certamente, há muitos mais...!

Climatério

E vêm ondas de calor
Intensas e irritantes
E passam.
E ondas de frio
Surpreendentes e rápidas
E passam.
E ondas de nada
Nada, nadinha
E passam.

Tal qual essas emoções
Climatoriais...!

Quase me perco
Engolfada
Em meio as ondas...

Espero
Ansiosa e atenta
Previsão de novos climas!!!

Estranhamento

Quem é essa na foto, no espelho?
Eu nunca fui assim...
Quem é essa, que reage estranhamente?
Eu não sou assim...

Mas começo a entender, lentamente
A grande lição desse tempo
– Algo que eu supunha natural
No entanto, nem tanto...!

Entendo que é tempo de aprender
Aprender muito, lições exigentes
Da ação do tempo e da vida
No corpo, mente e espírito!

Sim, esse corpo já não é
Aquele previsível amigo;
A cabeça não é mais
A conhecida companheira...!

(...)

A paciência, pobrezinha, encolheu
O tesão, assustado, mudou-se.
Desconheço os passos desse ritmo.
E trabalho para lutar, também para ceder.

Percebo que há dois fluxos:
O do Tempo, implacável.
O da Vida, elegível.
Escolho a Vida!

Luta

Já faz tanto tempo...
Eu chego a perguntar
Desconfiada:

Sou a que sou
Ou serei esta
Que estou??

Gosto como sou
E me recuso ser
A que ando

Me recuso, nego
Não a mim
Mas ao estar

Sigo lutando
Dando tudo de mim
Vencendo cada dia
Até que eu volte!

Escolhas

Olhar pode escolher
O que ver, o que não.
Escolho ver
O que vale a pena
O Belo
O escondido
O mágico
O Detalhe

Escolho ver
O copo quase cheio
As flores entre as pedras
A cor do céu de hoje
E dos olhos que encontro.
Os pequenos gestos
E sorrisos
E olhares...
A diligência das formigas
O planar dos urubus
O não dito
O sofrido
Cada alma

(...)

O olhar fugidio,
Eu o educo!
O olhar maldoso,
Eu o amoriso!
Olhar desanimado,
Eu elevo!
Olhar cansado,
Eu acarinho!
Em mim, no outro
No que posso!

Creio no olhar!
Creio nessa força
De ver enxergando
Enxergando, construir
Construindo, alçar
Voos altos e amplos
Com os pés no chão
Cheios de frutos do olhar!!

Herança Feminina

Estranho silêncio
Noite abafada
Meu coração fala
Alto e forte
Não posso dormir

Que sangue é esse
Que em mim corre, me move?
Tantos sangues, outros
Heranças de longe e de perto
As que sei e as que não

Mulheres ancestrais,
O que me deixaram?
Que parte de vocês
Ainda carrego
E perpetuo?

Quero sua força
Sua coragem
O pioneirismo!
Quero sua beleza
De alma e corpo
Quero sua energia
Sua fé, fidelidade

(...)

Mas rechaço sua dureza
Sua inconstância
Seu orgulho altivo...
Não quero sua estreiteza
Nem seu mal humor!
Seu desânimo e preguiça
Sua condescendência
Seu gênio ruim!

Bebo da fonte
Água fervida e filtrada
Escolho, recuso, abraço
Tesouro que me foi dado
Sem querer
Nem meu nem delas!

De minha parte
Deixo herança também
O melhor que sei
Para que as mulheres,
As que virão,
Tenham escolhas
– escola da vida minha –
E cresçam belas
E façam crescer!!!

Dor de Cabeça

Dor de cabeça
Dói fundo
Dói dentro
Dói tanto
Densa, intensa
Destrói prazeres
Detém planos
Dita gestos comedidos
Dura uma eternidade
Demonstra limites
Dá boas desculpas
Data de ontem
Diverge da vontade
Direciona pensamento
Drena forças
Doura pílulas
Doma impulsos
Dirime desejos
Diva indesejada!
Dor de cabeça...
Deus nos guarde!

Apaixonada

Dia pleno de você
Me enchendo os olhos
Provocando sorrisos
E suspiros
Conduzindo caminhos
Novos e velhos.
Surpreendente e delicioso
Você!

Dia pleno de você
Que não desgrude nunca
Que te quero muito
E sempre
E mais
Em mim
Comigo!

Dia pleno de você
Companheiro aconchegante
Provedor de alegrias
E de surpresas
E de gostos
Sempre novos
Lambuzados de vida
E de você!

(...)

Dia pleno de você
Que te quero em mim
Selo indelével
Na minha alma
Tua!

Reflexiva

Pedaço de folha seca
No meio do gramado perdida
Parecendo casca de pão dormido
Me faz querer aprender dela
Essa entrega ao curso da vida

Em Construção

Nada de lindo tenho a dizer ainda
Gostaria que sim, mas ainda não
Estou em construção e desconstrução
Aprendizagem e desapego
Processo de aprender e desaprender

Há tanta energia canalizada nisso
Tanta força de sobrevivência
Tanta necessidade de adaptação
Que as palavras ficam magras
O pensamento fica obcecado
Foco fica disperso entre tanto

Ainda assim, insisto, escrevo
Ávida das palavras, sedenta
Desejosa de, no meio delas,
Encontrar as que dizem e falam
E formam e transformam
Eu, que amo as palavras

Escrevo, escrevo, quase sem pensar
Sabendo das minhas lutas e conflitos
E tensões e buscas e limites
Escrevo por amor, por paixão
Da quase que me resta

Solidão

Tesão acumulado
De vida e paixão
Sem ter onde escoar
Pressão de para dar
Junta e empilhada
Sem ter destino
Sem ter eco
Sem ter recíproca.
Paixão unilateral
Solitária
Sem extravasar
De amor e prazer
E doação e serviço
E partilha e amizade...

Quero gozar de amor
Liberar essa paixão
Acumulada!
Quero dar-me/

(...)

Inteira
E ser acolhida
E abraçada
E levada às alturas
Por amor
Por devoção
Por derretimento
Por admiração...
Quero tanto
Quero tanto!!!!

Noite só
Numa vida solitária
De um coração
Que já foi apaixonado...

Em Processo

Caminho de mim
Processo que vem
De longe e de perto
Da alma e do corpo
Do Espírito que é Santo
Da sede e verdade

Caminho de mim
Busca contínua
Nas trocas
Nos livros e fontes
No silêncio custoso
Na terapia da escada

Caminho de mim
Reto e retorcido
Claro e nebuloso
Atingido hoje
Perdido agora
Encontrado em parte

(...)

Caminho de mim
Eterno e feliz
Que veio intenso
Consciente e surpreendente
Nos anos que dividiram
Essa base de mim

Caminho de mim
Quer unir sem trair
Quer unir e unir
Dentro mais dentro
Independente
Para ser serviço

Caminho de mim
Dolorido e sangrento
Custoso deleite
Aberto à foice
Construção do que existe
Não descoberto

Caminho de mim
Surpresa constante
Tira pedras, cura feridas
Olhar nos olhos
De mim
De mim

Caminho de mim
Estou caminhando!

Facetas Descobertas

Deixo o homem
Que em mim existe
Dançar e aparecer
Qual boto ao luar
A enfeitiçar sobre o veludo
De minha pele áspera

Entranhas escondidas
Que pulsam sem cessar
E mantém-me viva
Sem que eu saiba
Assim em mim
O homem, o boto

Ou serei eu mesma
Que emerge do Lockness
Mística, lendária
Vista por poucos
Contada e temida
E desconhecida...?

(...)

O homem em mim
É mais mulher que eu
Pois sou feminina
Em cada poro
Em cada unha
Em toda forma

Sou forças latentes
Que brincam e se alternam
Caras tantas, sempre eu
Feminina
Mesmo em minha face
Masculina

Somos todos
Multifaces
Mil possibilidades
Escolhas e estórias
Gêiseres surpreendentes
De força, calor e energia

Construímos a nós
Construímos o mundo
Homens, mulheres
Botos e gêiseres
Sob o céu azul sempre
Ainda que nublado!

Aberta

Estou aberta
Que venha o novo
Que entre a brisa
E a vida!

Amanhece o dia
De céu azul
De brilho no ar
De calma primavera

Estou atenta
Estou alerta
Para o que vem
Para o que nem espero

Hoje é começo
Hoje se abre
Tudo é surpresa
Estou pronta!

(...)

Não vou fechar-me
Não vou rebelar-me!
Quero experimentar
Quero provar!
Venha, novo dia!
Venha novo mês!
Venha, nova estação!
Venha, vida nova!

Te espero
Te quero
Te abraço
Te amo!

Quem Sou Eu...?

Sou quem penso
Ou sou quem estou...?
Vulcão cimentado
Vestido preferido
Brisa ligeira do mar
Vento da montanha...

Busco, atenta, sinais de mim
Trabalho ininterrupto, diário
Desejo ardente explodindo
Buscando caminho e vazão
Num horizonte que desconheço...

Olho para o alto, arremeto
Flecha de mim mesma
Corda de violão encostado
Na parede da sala, calado
Voo um voo arrastado
Buscando o sol dentro de mim

(...)

Pensamento veleja
Solto no oceano
Sem saber hoje
Essa liberdade...
E vivo, e luto, e busco
Sedenta, saudosa
Crendo no que sou
– Além do que estou –
E que anda escondido
Ou formatado.
Sei que estou aqui
Ainda!

Raiva

Recorro à força
Quando nada mais vale
Bato, arrebento
Abro caminho
Queiram ou não

Sou força de rio
Contido em barragem
Pressiono, gero energia
Até que rompo
Inundo tudo
Entro em cada canto
Me expando
Irrompo sem que esperem
Força antes contida

Tal qual tufão
Chego desordenando
Revirando, remexendo
Tirando tudo do lugar
Levanto, quebro
Despedaço
E me vou
Sem olhar pra trás

(...)

Sou raio e trovão
Explosão elétrica
Que nada constrói
Caio aleatoriamente
Posso queimar
Incendiar, deformar
Faço muito barulho
Assusto, aterrorizo
E desapareço

Cuidado comigo
Apareço de repente
Entro, expludo
E saio sem que espere
Sem que queira
Assim como cheguei
E entrei. Sem que pedisse...

Assumindo

Tenho gostado muito
– por incrível que pareça! –
Dessa estória de
Envelhecer!
Fasezinha nada confortável
É verdade...!
Mas agora que já trilhei
Um pedaço do caminho
Acho que comecei a abraçar
As formosuras da paisagem!

Sei que não há regra
Que não é todo mundo
Mas comigo acontece
Que quanto mais entendo
Me aceito
E me mergulho
Nessa realidade nova e eterna
Mais e mais meu coração se expande
Cresce e vibra e canta
Porque a cada passo dado
A cada curva e cada ponte
O que fica mais evidente/

(...)

Mais claro e transparente
É quem eu sou.
Eu de verdade
Despojada de disfarces
Lavada de maquiagens
Purificada pelas dores
Reconciliada com o espelho.
Eu !!!!

À Flor da Pele

Coração é elástico
– precisa ser!!! –
Vive puxado, esticado
Hora para os lados
Hora pra cima, pra baixo
Hora estremecido de emoção
Hora pego de surpresa
Hora nas nuvens
Hora aos cacos
Hora derretido
Hora solitário...

Coração pulsa por isso
Porque é elástico
Nunca para, não pode
Ainda que cansado
Sua natureza é não parar
Bate, bate, bate
Pulsa, pulsa, pulsa
Estica, estica, estica
Volta, volta, volta...
Não se cansa/

(...)

Só quando doente.
Cada dia, exercício
De estica e puxa
Dias mais, dias menos
– hoje, muito!!! –
Mas sempre
Sempre
Sem descanso.
E eu sou coração!!!

Luta Interior

Pensava que estava me protegendo
Me encolhia, diminuía a área de atrito
Tentava desaparecer, me fechava
Achava que assim me resguardava...

Quanto mais me guardava, mas doía
Quanto mais me protegia, mais me feria
Quanto mais me isolava, mais me afastava
Quanto mais me fechava, mais longe a saída...

Fui forçada a sair, empurrada pra fora
Felizmente quase não tive escolha
Mundos e portas se abriram e eu me dividi
Continente além-mar da minha zona de conforto...!

Saindo, me encontro
Ousando, me uno
Errando, me ergo
Abrindo, me venço!!!

Animada

Estou nos ares
Sobre as nuvens
Sobre tudo
O que empana
Minha vista do sol

Estou nos ares
Coração a mil
Indo ao encontro
Do que desconheço
Do que vou descobrir

Estou nos ares
Sem começo nem fim
Horizonte infinito
Só e tão acompanhada
Que sorrio por dentro

Estou nos ares
E nada temo
Cabeça erguida
Passos firmes
No caminho que abro

Estou nos ares:
Me aguardem!!

Inerte

Respiro pausadamente
Um ar úmido e insípido
Inerte e inócuo.
Respiro sentindo
Cada inspirar
Mais do que o expirar...
Expirar parece natural
Inspirar custa tanto...!
Boca aberta, boca fechada
Suspiro fundo e comprido
Ar que entra, não venta
Eu e meu respirar.
Inspiro, expiro
Até dormir e não saber
E não sentir nem ouvir
Nem suspirar...

Momentos Fugidios

Acordei sem despertar
Sem saber nem entender
Quem sou eu
Onde estou
Quando estou

Nesse exato momento
De aparente torpor
Antes mesmo de mexer
E pensar e situar-me
Nesse momento fui Eu.

Nessa fração ínfima de tempo
Rápida e eterna
Sem racionalização
Sem exigência
Fui tão livre...!!!

Seca

Hoje estou seca...
Busco no fundo do poço
Palavras, sentimentos
Emoções, transbordamentos
Mas só encontro secura
Estranha e preocupante
Nesse dia do Coração...

Sinto, sim, algo
Mas nem sei bem o quê...
Zona cinza, descolorida
Sem contornos
Porque há dias assim
Quando temos que viver
E ponto.

Hoje é dia limite
Recém me dou conta...
Início de divisão
Que desejei tanto
Mas também temi
Por tanto tempo

(...)

Desejo congelar o tempo
E também *fast forward it*...
De estar em muitos lugares
Num mesmo momento
Inteiramente...
Sou tão pequena...

E o que encontro no fundo do poço...
Não é secura, afinal!
São lutas e medos
Expectativas e temores
Amores e dores
Misturados, intrincados
Sem cabeça...!

Sentirá o mesmo
O bebê prestes a nascer...?
Misto de ansiedade por viver
E desejo de ficar...
Ímpeto de lançar-se
E impulso de abrigar-se...
Momento solidão...!

Curto este segundo
Saboreio, lentamente
Enquanto sã e salva
Escrevo meu coração
E clareio a visão
Do porvir
Do sentir
Do hoje
De mim.

Aprisionada

Sou como o vento
Preso num jarro:
Ao invés de correr solto,
Tocar tudo sem limites,
Se esqueceu quem é...

Cansada

Coração fatigado
Sem fôlego
Perdidinho
Busca força
Abre ouvidos
Escancara boca
Encontra coragem
Segue em frente
Ainda que partido
Esfacelado
Marcado
E nunca mais será o mesmo
Unless...
Seja lambuzado
De Amor!!

Derretida

Te espero
Alegria minha
Que está aqui
Que está por chegar
Sol em dia de chuva
Sorriso e olhar
Que nutrem meu corpo
Esfomeado de ti!
Te espero
Alegria minha
Para ser
Tua alegria
Na desembocadura
Do rio de hoje
Que veio de longe
Carregado de gravetos
Verdes e azuis...
Te espero
Alegria minha
Almofada aconchegante
Em quente dia
De mudanças mil...!
Te espero
Te aviso
Te premio
Com prêmios de mim!

Sem Forças

Estou seca de palavras
Porque estou seca de mim...
Onde estou...?
Morri de sede...

Em Busca

Bata, coração meu!
Bata som oco
Feito tambor convocando
Encontro de amor
Desejado
Longínquo
Impossível...

Bata, coração meu!
Não se canse
Nem desista
Desejoso de ser desejado
Tanto
Receptáculo de outros
Tantos corações
Benvindos
Saibam ou não...

Bata, coração meu!
Banhado em lágrimas
Ininterruptas e azuis
Que escorrem até o Céu
De onde vêm
Para onde vão...!

(...)

Bata, coração meu!
Siga
Batendo
Tum tum tum
E eu grito de amor guardado!

Ferida

Não consigo escrever...
Há dias, meses
Que fujo das palavras
Coração sangrando
...as palavras ferem...
Atiçam o que machuca...

Sou cebola que envelhece
Camada por camada
Que seca
E seca
E seca
De fora para dentro.
Quando penso que secou
Há uma camada mais interna
Que ainda está lá
Viva...!

Não apodreço.
Dentro há um miolo
Ainda latente
Não sei até quando...!

Estranhamento (II)

Existem dias em que não me conheço...
Acordo passo pelo dia
Atuando no que me cabe e veste
Sem realmente estar nem ser...

Me movo, converso, até abraço
Mas não sei quem é quem em mim...
Nem o céu azul, nem os frutos das entranhas
Nem a tarde nas folhas dos coqueiros
Conseguem despertar ou colorir
O cinza do meu peito e dos meus olhos...

Dias compridos, esses desconhecidos...
Ainda pior quando emendam em outros
Compridos todos, como lesma enorme
Sob o céu ainda que estrelado...

(...)

Não me agrada o não ser
Nem me aquieto com este estar
Porque sei que em mim voa
Um passarinho falante e cantador
De mil penas coloridas
Olhos de horizonte e asas duplas
Que adora pimenta e jabuticaba
E dorme no poente do leste,
Que mexerica com os peixes
E vive beijando o sol...!

Indagadora

Tenho às vezes a impressão
De que quanto mais o tempo passa
E eu me ajusto
E eu me adapto
E eu "produzo"
E eu cumpro tarefas
E compareço a compromissos
E sigo a agenda
– ainda que tudo isso me alegre
me dê prazer
me encha de propósito –
Parece que...
Me distancia de mim mesma
Me distrai do que sou
Me afasta do que posso ser
Me divide do que sonho
Me separa do que me diverte
Me tira de onde quero chegar
Me arranca de onde devo estar
Me apaga aos poucos...

Dividida

Coisa difícil para mim
É essa situação maluca
De estar aqui
Sem mesmo estar...

Sempre, antes de hoje
Estive inteira
Mesmo quando até
Custou suor e sangue...

Mas hoje, estranhamente,
Quero estar e não consigo
Porque meu coração
Agora é dividido...

Pedaços de mim
Em diferentes cantos
Me põem sempre preparada
Para voar p'ra algum lado...

Sem de verdade fincar pé
Aqui nesse mar
Que provocou em mim
Deseo de quedarme...

(...)

Assim, dividida por dentro
Não sou nem estou
E como assim não sei ser
Não sei quem sou!

Sair da Cama

Meus olhos pesam
Mais que meus sonhos
E quase se fecham
Enquanto reluto
De esforço em esforço
– preciso aprender a lutar! –
E minhas mãos vagueiam, soltas...

Pálpebras pesadas
Que desconhecem relógio
E fazem arder os ombros
Cansados da lida
De tantos ontens...

Pássaros ninam-me sem saber
Enquanto dentro, bem dentro
É Sua voz que ouço
Me abraçando, confidente
Reluzente
Para sempre.

Esperando

Beijo esperado
Trigueiro
Chega mais e mais perto
Sob o marulho da tarde
E o coração, ansioso
Começa a esticar...!

Beijo esperado
Guardado, aguardado
Se anuncia travesso
Atiçando fogo
Dormido de sol
Encompridando o tempo
Da espera...!

Beijo esperado
Anunciado
Na solidão da sala
Se arma, se prepara
Se ensaia sem holofotes
Pra já-já se derramar
Em encontro...!

Beijo esperado, chegue logo!

Dificuldade de Expressão

Não tenho o que dizer hoje...
Tenho tanto que vivi
Tenho tanto dentro de mim
Mas hoje
Estranhamente
Não tenho o que dizer...
Talvez porque tudo é grande demais
Talvez porque eu não queira doer
Talvez por estar trabalhando interiormente
Talvez porque esteja no auge do exercício
Talvez porque não é para ser compartilhado
Somente vivido
E refletido
E incorporado
Para depois, sim, sair em forma de palavra
E poder tocar, formar, acender, cutucar...!

Hoje não tenho o que dizer
Mas tenho coração falante
Que luta pra fazer silêncio
Que quer ter opinião sobre tudo
Que vai e vem, cresce e encolhe,
aprende e regride/

(...)

Que sente intensamente, bate forte
Que sou eu mesma querendo aprender
Me resgatar
Lembrar quem sou
Me descobrir
Me construir
Para então me derramar, me expandir.

Hoje não tenho o que dizer.
Tenho que viver.

Suspiro

Estou sem cor...
Meu por do sol se entregou à noite...!

Divagando

Faz tempo, Tempo...!
Me soltei na correnteza
– imperiosa, perigosa! –
De uma tal de Complacência
Que, vira e mexe,
Me pega, me arrasta
Tão de súbito, do avesso
Que não reajo, mal percebo...

Faz tempo, Tempo...!
Não te saboreio, nem te olho
Não bebo de teus frutos
Doces e carnudos
Que me engrossam as pernas
As vistas e o peito
Me enchem de ar e frescor
E me apontam caminhos por vir...

Faz tempo, Tempo...
Porque sumi do Silêncio
Doce, sábio mestre
Que abre minhas asas
E voa-me alto, alto/

(...)

Ao horizonte e perspectiva
Que libertadoramente
Quebram correntes e fronteiras...

Monto em tuas costas, Tempo
Nesse instante sem relógio
Olho teus olhos verdes e azuis
E me visto do Silêncio!
Ergo-me firme e resoluta
Livre!
E então, finalmente oro!
Encontro com Deus e comigo

Foco

Tem algo fora do tom
Alguma coisa desencaixada
Torta...
Não identifico onde
Nem o quê
Mas me dói nos ouvidos
Essa desafinação...!
Não sei se me esforço de-mais
Ou de-menos
Nessa minha busca de achar
Identificar
Corrigir
Afinar
Harmonizar...!
É tarefa minha!
É tarefa minha?
Se puder reencontrar
O foco de mim
Talvez
Talvez
Tudo se encaixe!

Piloto Automático

Meu coração anda batendo
Mas é por costume
Assim, sem gosto
Automático
Insistindo em bombear
Sangue já sem cor
E sem horizonte
Pelo meu olhar afora...!
Ando cavoucando a causa
O motivo, a raiz
E quando penso que entendi
Desentendo de novo...!
Busco entender só para ajudar,
Pra encontrar jeito de voltar
O brilho, a cor e o sabor
Que eram tão próprios
Desse meu coraçãozinho...!
Busco ajuda, ouço muito
Rezo, silencio
E sigo tentando
Enquanto ele siga batendo
Ainda que por costume...!

Esperança

Outro dia, novos cantos
Mesma e nova dor
Luta eterna.
E o Sol brilha
Dourando tudo!

Choro

Que buraco enorme
Tremendo
Pesado
Imenso
Se abriu em mim
Inteirinha
E brota dos meus olhos
Tanto, tanto
Sem que eu queira...
E empana e embaça
Todo horizonte
E arranca as cores
Com força
E apaga cada ponto
De exclamação...
Buraco gigante
Sangrento
Gritador
Insone
Incansável
Inesquecível
E indistraível...
Buraco com tamanho
De horizonte ao por do sol...

Desejosa

Há dias moles, redondos
E dias duros, pontudos

Dia duro, cheio de quinas
Cores pálidas
Seco, áspero
Arranha a pele
Da alma...

Dia duro pega no tranco
Sobre rua esburacada
Atravanca
Engripa, empaca
Pinica
O coração...

Dia duro não tem sol
É canto esganiçado
De gralha
Excitada
Em dia quente
E pesado
Da vida...

(...)

Dia duro de pedra
Tal qual andar
No escuro, descalço
Em túnel sem luz
Sobre tampas de garrafa
Enferrujadas
Esquecidas
Das gentes...
Dia duro nasce em nós
Sem que percebamos
Brotam do íntimo
Duro e quadrado
Que resseca os olhos
E olhares
Da alma
Do coração
Da vida
Das gentes...!

Que venham dias moles!
Eu os escolho!!!

Insônia

Noite, porque me quis hoje?
Travessa, você, tão viva
Exigindo minha companhia
Sem que eu tivesse escolha
Insistindo em entreter-me
Em seu mundo labirintal...

Sabe que te quero, noite!
Sempre te quis!
Amo o seu céu
Seu frescor
O contorno do mundo
Sob o luar
As conversas que acontecem
Só em você
A intimidade que você gera
Os sussurros ao seu ouvido...

Mas você pode ser tão cruel
Noite...!
Há vezes em que o que traz
São dores acumuladas dos anos
Lágrimas que ensopam travesseiros/

(...)

Saudades de sonhos desfeitos
Os ruídos do mundo inteiro
Sob minha janela...

Não foi assim, hoje...
Hoje só me quis por companhia...!
Embora tentasse seduzir-me
Não me entreguei
Apenas vigiei
Com você
Para despertar nova
Depois de tanto afago teu!!

Saudade

Hoje sou um poço de saudade...
Poço fundo, escuro e fedido
Com propriedades de buraco negro
Que traga tudo em volta...
Poço, que deveria matar a sede
Hoje em mim faz é esturricar
De vontade dos que amo
E não posso estar perto
Nem abraçar, nem apertar, nem cheirar...
Não posso olhar nos olhos
Nem fungar no cangote
Não posso sussurrar ao ouvido
Nem quebrar costelas no abraço...
Hoje até internet conspira contra...
Estou um poço de saudades...
Isso dói tanto e dói fundo
...e não há solução...!!

Submersa

No silêncio em mim
Nesse hoje raro e único
Aproprio-me mais e mais
Entranhadamente
Do Teu Amor perfeito
Que arranca para curar
Que corta para dar vida
Que desnuda para libertar.

No silêncio em mim
Descanso livre e expectante
Pronta para assumir quem sou:
Protagonista imersa em Ti
Que És, que És, que És.
Que És!
Em Ti, sou.
E basta!

Desculpas

Fico disforme quando tolhida.
Parece tão óbvio
E é mesmo!
Quando posso ser eu
Quando me derramo toda
Livremente
Acolhidamente,
Não sou tão feia...
Mas quando tolhida
Quando limitada
Restrita no transbordamento
Quando retida
Viro um não-sei-o-quê
Me expresso torto
Falo de mal jeito
Não sei meu lugar
Perco a graça
Enfeio...

Saudosista

Fui protagonista.
Ou penso que fui.
E no bom sentido.
Acreditava
E fazia acontecer.
Apaixonadamente!
Eu lembro disso...
Bom tempo...!!

Medo

Me dou conta de mim mesma
Cada dia um pouco mais
Mais de cinquenta anos me aprendendo
Descobrindo o que intuo
Mas não sei

Lampejos de lucidez
De transparência e claridade
Me trazem à flor da pele
Um olhar incomum,
Um desejo de expressar sem barreiras
De comunicar o que vejo e sinto
E comunicar-ME

Me seguro e retenho
Tentando encaixar-me
Ávida de amor e pertença
Engessando e esquecendo
– como se fora possível....!-
O olhar que segue vendo
Mesmo quando não quer ver

(...)

Se realmente dissesse
Se realmente dançasse
Se realmente fotografasse
Ou escrevesse
O que vejo
Como vejo
Se me llevaría el mundo
Y lo devolvería lindo
Cambiado
Desbordante...!

Tenho medo
Vejo agora...
E não sei desmantelar
A rede que me prende
Que eu mesma teci
Sem perceber...

Saboreio esse momento
Em que se desprende uma fagulha
Não deixo escapar
Me deleito
Me exponho
Ainda que não entendida
Não abraçada
Não acompanhada
Só
E me dói
Menos do que não dizer.

Que carência é essa, meu Deus?!?

Incongruências

Desprendo o laço
Liberto o arredio
E meu querer danado não sai
Por falta de costume
Por comodismo
Por não saber mais como

Solto as amarras
Abro as velas
Mas não saio da banheira
Limitada
Conhecida
Segura

Ligo o motor
Piso no acelerador
Mas freio está puxado
Canto pneu
Furo o chão
Sem me mover

(...)

Respiro fundo
Olho pra dentro
Me pergunto
Me descubro
Me sinto
Me deixo

Amplio meus limites
Me integro ao vento
Leve, leve
E voo
Ampla
Solta
E sou!

Expectativa

Expectativa arde
Fogueira impetuosa
Perigosa
Enfeitiçadora do real...!
Chega de repente
Cresce fácil
Domina sentidos
E razão...!
Ditadora cruel
Tiraniza pensamento
Mais ainda, coração...
Estreita horizontes
Fabrica moldes
Engessa possibilidades...!

Te recuso, expectativa!
Te combato!
Te reconheço
E te expulso!
Quero ser livre
Para viver o que é
Abraçar o que vem/

(...)

Como vem!
Saborear a surpresa
Que vem sem forma
Vem por si
Vem como quer!
Preciso estar disponível
Aberta
Desvencilhada
Para desfrutar
De verdade
Na Verdade
Inteiramente
Entranhadamente
O que está por vir
E que se chama
Sonho!

Posfácio

Menopausa... vamos ter que passar por ela. Não temos escolha, nenhuma de nós. Além disto, nossos companheiros, família e amigos também vão sentir seus efeitos.

Ouvimos, sempre em voz baixa, que vai ser um momento difícil. E é! Perdemos a vivacidade do olhar, o brilho do cabelo e nosso humor balançará. Só o pior por vir? Devemos pelo menos nos informar e nos preparar.

50 tons da Menopausa se apresenta afirmando:

"Eu achava que conhecia, mas ledo engano..."

E os poemas começam a mostrar a que vieram:

"E vêm ondas de calor
Intensas e irritantes".

A entrega e o desnudar-se tão intensamente em cada palavra, verso e poema, demonstra que quem está falando é conhecedora e viveu estas sensações, instabilidades e dores que são comuns neste instante de transformações e revelações.

Se o que vemos ou sentimos nos é desconhecido

"Estou em construção e desconstrução",

Temos que seguir e reagir

> *"Mas comigo acontece*
> *Que quanto mais entendo*
> *Me aceito*
> *E me mergulho*
> *Nessa realidade nova e eterna*
> *(...)*
> *Reconciliada com o espelho."*

Com todas as letras e profundidade, Maria Teresa revela que não estamos sós. Como uma gangorra carregada com todas as nossas emoções, sentimentos e dores que nos transformam, ensina e leva a refletir sobre estes importantes anos que vamos conviver em maior ou menor intensidade. Cada uma vive seu momento.

Maria Teresa Poetisa coloca sua vivência em versos intensos e delicados. Mergulhando fundo consegue, sem medo de se revelar, nos fazer cúmplices íntimas, todas nós, desse importante momento da nossa vida.

Maria da Conceição das Neves Calmon

Este livro foi composto pela Oficina das Letras
na fonte Minion Pro, corpo 11/12.

www.ingramcontent.com/pod-product-compliance
Lightning Source LLC
Chambersburg PA
CBHW071300040426
42444CB00009B/1800